ROUSSEAU
CHEZ MME DUPIN

COMÉDIE EN UN ACTE ET EN VERS

PAR

GEORGES RENOUARD

SAINT-JEAN-D'ANGÉLY
TYPOGRAPHIE EUGÈNE LEMARIÉ
—
1868

Rousseau

CHEZ MADAME DUPIN

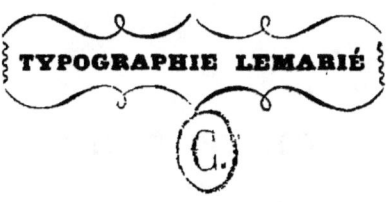

ROUSSEAU
CHEZ MME DUPIN

COMÉDIE EN UN ACTE ET EN VERS

PAR

GEORGES RENOUARD

SAINT-JEAN-D'ANGÉLY
TYPOGRAPHIE EUGÈNE LEMARIÉ
—
1868

ROUSSEAU

Chez Madame Dupin

PERSONNAGES

Rousseau.
de Conti.
de Thresme.
un laquais.
Mme Dupin.
Mme d'Arty.

(La scène se passe à Chenonceaux vers 1744.)

ROUSSEAU CHEZ MADAME DUPIN

SCÈNE PREMIÈRE.

Porte à deux battants au fond ; porte dans un pan coupé à droite ; fenêtre pan coupé à gauche, tables-consoles chargées de livres de chaque côté de la porte du fond ; à gauche table et livres ; droite, canapé. Salon.

ROUSSEAU, *seul près de la table de gauche.*

Plus d'inspiration ! rien, non! rien qui frémisse !
La lyre étant brisée, il reste le calice.
Il faut le boire enfin jusqu'au fond. C'est ta loi,
Tu n'as ici ni pleurs, ô poëte, ni foi,
Ni tu n'en dois avoir. — Jette donc ton génie
A pleins flots dans tes vers, pour qu'ensuite on se rie
De cet œuvre sorti du plus pur de ton cœur,
Pauvre rimeur à gage ! — O Warens ! ô douleur !

(*Allant prendre un livre à la bibliothèque et lisant.*)

« Soit qu'un ancien amour pour le sang de leurs maîtres
« Parlât ; »

(*A lui-même.*)

Pourquoi parlât ? — Oui, c'est juste.

(*Laissant tomber le mot et songeant ailleurs.*)

«A ces traîtres...»

(*Jetant le livre.*)

Je ne puis lire un mot, ma pensée est ailleurs.

(*Prenant un médaillon sur la table.*)

Combien je vous regrette, ô mes petites fleurs,
Que j'aperçois encore, heureuses et coquettes,
Rayonner aux buissons à l'ombre des Charmettes !
Je regardais rentrer, le soir, les longs troupeaux
Et les durs laboureurs, harassés des travaux
Du jour. Je me souviens des charmantes ivresses
De mes longs rêves d'or, parfumés des caresses
Que le vent du midi prodigue aux pins touffus.
Oh ! ces jours d'autrefois, que sont-ils devenus ?
Je croyais voir, alors, les Dryades joyeuses
Me sourire à travers le feuillage des yeuses,
Et j'entendais craquer les chênes, sous le poids
Des Faunes paresseux, endormis dans les bois.
Mais tout est mort ! bien mort ! le temps heureux s'enfuit
Comme un soleil d'hiver qui tombe dans la nuit.
— Sans doute ! Tout ceci n'est que visions folles,
Comme j'en fis jadis, couché dans les gondoles
De Venise.

(*Se levant.*)

Et pourtant, je l'aime avec ardeur ;
Je demeure ébloui devant la profondeur
De ses yeux, et je n'ose, étant par trop timide,
A mon amour contraint, lâcher jamais la bride.
D'où vient cela ? j'ignore, et devant elle, seul.....
Voyons ! si j'écrivais ! le mot, c'est le linceul
De la pensée. — Et comme on vit jadis Lazare,
Elle en renaît plus riche et plus grande et plus rare.
C'est le meilleur moyen. Ecrivons... mais déjà
Cette lettre d'hier que j'avais mise là. —

« MADAME,

« La première fois que je vous vis, ce fut chez mon-
» sieur Samuel Bernard, votre père, Le seconde, ce fut
» à votre toilette ; vous aviez les bras nus, les cheveux
» épars, votre peignoir mal arrangé. A cet abord si nou-
» veau pour moi, ma pauvre tête n'y tint pas ; je me
» troublai. Cela ne me nuisit pas près de vous, je vous
» présentai mon traité de l'Harmonie. Vous accueillîtes

» bien le livre et l'auteur. Mes projets vous plurent et
» après avoir chanté et en avoir parlé en personne ins-
» truite, vous me retîntes à dîner. J'eus la meilleure
» place à vos côtés; il n'en fallait pas tant pour me rendre
» fou, je le devins. Vous me permîtes après cela de venir
» vous voir. J'usai, j'abusai de la permission, j'y fus
» presque tous les jours. Je vous aimais, je mourais
» d'envie de le dire et jamais je n'osais. De plus, vous
» me mîtes chez vous, pour vous écrire des comédies
» destinées à être jouées dans vos salons. Je ne vous
» reproche rien, vous le voyez, et si toutes ces choses
» ressemblent à de la bonté, elles ont au moins les al-
» lures de la coquetterie. Permettez-moi donc de vous
» demander, Madame, si ce sentiment que vous avez
» fait naître, doit vivre avec ou sans espérance. »

« Je suis, etc. »

Bien! je signe: Rousseau. — Comment la lui remettre?
La déposer chez elle! Il se peut qu'on pénètre
Dans sa chambre? — L'adresse : à Madame Dupin. —
Qui pourrait croire ici que je jette mon pain,
Pour un amour sans but qu'un autre eût dit caprice?
Plus sombre est l'avenir, plus grand le sacrifice.
Eh! qu'importe après tout?

(*Il se lève et porte vivement la main à sa poitrine.*)
      Oh! ce cœur qui bondit
A rompre la poitrine.

(*Il va à la fenêtre et l'ouvre.*)
    On étouffe. — Il est dit

Que j'en mourrai. — Qui monte?

SCÈNE II.

Mme DUPIN, Mme D'ARTY, ROUSSEAU.

Mme DUPIN.

      Eh bien ma comédie
Que vous faites, Rousseau, quand l'aurez-vous finie?

ROUSSEAU.

Madame, vous l'aurez, je présume, demain.

Mme DUPIN, *à Rousseau.*

C'est bien ! dépêchez-vous. Il me faut un quatrain
Que madame dira. Mon rôle ?

ROUSSEAU.

Est Ariane,
Pour madame D'Arty c'est celui de Diane
Poursuivant le chevreuil à travers les forêts.

Mme DUPIN.

Nous jouons dans huit jours. —

(*A Madame d'Arty.*)

Viens-tu ?

(*à Rousseau.*)

Vous ! travaillez.

(*A Madame d'Arty.*)

Ma belle soucieuse, allons.

Mme D'ARTY.

Non ! je demeure.
Au revoir.

Mme DUPIN.

Au revoir ! je rentre dans une heure.

SCÈNE III.

ROUSSEAU, Mme D'ARTY.

Mme D'ARTY.

(*Redescendant vers Rousseau.*)

Mon ami ! vous souffrez ? Vous êtes un enfant ;
Montrez-vous donc plus fort avec votre talent ;
Montrez, pour vous du moins, un peu de ce courage
Qui nous fait oublier la froideur ou l'outrage.

Lorsqu'on a le génie, il faut garder pour soi,
De savoir pardonner au mépris de sa foi.
S'il n'est pas de grandeur à se laisser abattre,
Il est souvent plus beau de ne vouloir combattre.
Quand on est accessible à quoi sert d'être grand ?
Il faut être plus calme et lutter à son rang.
Un peu de force, ami. Ma sœur est un peu dure
Pour vous !

ROUSSEAU.

   Voilà bientôt deux mois que cela dure,
C'est trop ! jusqu'à présent vous seule avez été
Douce et bonne pour moi, malgré ma pauvreté.
Je m'en souviens, Madame, et vous en remercie,
Et si ce n'est assez, je vous en ai bénie.
Mais elle !...

Mme D'ARTY.

   Taisez-vous ! — Mon ami, c'est ma sœur.
Quoi que vous disiez je suis son défenseur.
Ayant pour vous au reste une amitié sincère
Il faut lui pardonner de paraître sévère.
— Et puis ! pourquoi garder ce front triste et chagrin ?
Pourquoi restez-vous seul chaque soir au jardin ?

    (*Souriant.*)

Avez-vous aperçu durant les crépuscules
La reine Mab, trônant au seuil des campanules ?
Parlez, je vous écoute ! et d'abord, seyez-vous,
Nous serons mieux ici pour parler entre nous.

ROUSSEAU, *près du canapé, Mme d'Arty assise.*

Vous désirez savoir pourquoi la solitude
Réjouit mes loisirs presqu'autant que l'étude ;
Pourquoi je vais chercher le silence des nuits
M'éloignant des chansons, des fêtes et des bruits.
Je voudrais vous le dire, et je ne sais moi-même,
Sinon que tout est beau, que tout est un poème
Où l'on voit à grands traits le bonheur et l'amour,
Et qu'on voudrait rester à pleurer jusqu'au jour.
Que la Nature est forte, aimante, et que Cybèle
Pressant entre ses doigts sa puissante mamelle

Pour en faire jaillir son lait pur à grands flots,
Voulût que pour chacun les lots fussent égaux.
— Voilà ce je pense, et devant la misère
Les hontes et l'orgueil, je sens que la colère
Me tue, et je suis triste et la réalité
Etalant à mes yeux sa froide nudité,
Me force à demander au monde des chimères,
Des cœurs un peu plus vrais, des vertus plus sincères.

Mme D'ARTY.

Ne plus croire et nier ! fi ! c'est mal, c'est vilain
Monsieur, d'avoir pour tout ce suprême dédain.
Je ne le comprends pas, et, de plus, je m'étonne
De cet être sensé, qu'un rien impressionne.

ROUSSEAU.

C'est qu'il arrive un jour où se tait la douleur !
Ou l'esprit écrasé ne croit plus à la fleur
De nos champs, à l'honneur de la femme, à l'étoile
Qui brille dans l'azur, scintillant sous le voile
Lumineux, que lui fait dans un soir de Printemps,
En montant vers le ciel la brume des étangs.

Mme D'ARTY, *se levant*.

Et voilà votre foi ? dites, à quelle école
Avez-vous donc puisé ce doute qui désole ?

ROUSSEAU.

A toutes ; quel qu'en fût le système.

Mme D'ARTY.

Hormis
A celle du bonheur. Et de tous ces débris,
Qu'en votre âme étonnée a jetés la science,
Que vous restera-t-il après ?

ROUSSEAU.

Un doute immense
Des idoles que l'homme adore à deux genoux.

Mme D'ARTY *passant à gauche.*

Ah ! vous n'êtes pas franc ! il existe chez vous
Un sentiment secret que vous ne voulez dire
Et que de votre cœur vous voudriez proscrire.

ROUSSEAU, *sèchement.*

Non, je n'ai rien !

Mme D'ARTY.

Voyons, ne voudriez-vous pas
D'une sœur qui toujours vous suivit pas à pas,

(*Avec douceur.*)

Qui sût avec un mot consoler l'amertume
De vos jours de tristesse ?

ROUSSEAU.

Hélas ! on s'accoutume
Même au mépris, Madame, et souvent l'amitié
N'est dans ce monde-ci qu'un semblant de pitié.

Mme D'ARTY.

Ah ! vous doutez de moi quand pour vous être utile,
Je vous offre mon aide au moment difficile,
Quand, laissant là la honte et le respect humain,
Je m'en vais droit à vous pour vous tendre la main,
Ah ! vous doutez de moi ! c'est heureux, et l'offense
Venant de votre part !... — Taisez-vous ! la défense
Serait mal à propos dans un pareil sujet,
Et, si vous la faisiez, vous perdrait tout à fait.

ROUSSEAU, *prenant la main de* Mme *d'Arty.*

Madame, pardonnez !

Mme D'ARTY.

Oui, je suis un peu vive,
Et mon esprit parfois s'enfuit à la dérive,
Comme un oiseau blessé qui s'abandonne au vent.
J'ai tort ! — Et puis, cela m'arrive assez souvent.
Ainsi, vous le voyez, franchement je m'accuse
Ne cherchant même pas à donner une excuse

Souriant.

Bon l'on dirait, à voir votre air mal affermi,
Que c'est vous le coupable et non moi. —

Mme d'Arty sur la chaise près de la table de gauche. — Rousseau derrière elle.

         Mon ami,
Allons ! oublions tout et reprenons ensemble
La conversation, voulez-vous ? Il me semble
Que vous aimez quelqu'un ?

    ROUSSEAU, *amèrement.*

      Qui donc pourrais-je aimer ?

    Mme D'ARTY.

Qui sait ? votre regard vient de se transformer,
Donc, ce doit être vrai.

    ROUSSEAU.

    Madame, je suppose....,

    Mme D'ARTY.

Que ce n'est pas pour moi. — Je me mets hors de cause.
— Que vous êtes rêveur et triste et soucieux.
La dame dont je parle a de bien plus beaux yeux.

    ROUSSEAU.

Vous la connaissez donc ?

    Mme D'ARTY.

      Non certes ! pas encore !
Mais quand vous m'aurez dit le nom de votre Laure
Cela ne sera pas votre premier aveu.

    ROUSSEAU, *se défendant.*

Moi, mais je n'ai rien dit !

    Mme D'ARTY.

     Vous croyez ? Mon enjeu
Est trop beau maintenant pour qu'ici je délaisse
La partie engagée. Et, voyez la faiblesse
Humaine, vous venez à l'instant d'avouer
Qu'il est quelqu'un qu'on aime et qu'on ne veut nommer.
Et vous la nommerez !

ROUSSEAU.

Oh ! pour cela ! j'en doute !

Mme D'ARTY.

C'est ce que nous verrons. — Allez, je vous écoute.
Vous vous taisez ? Eh bien ? — Alors, je le saurai
Par elle.

ROUSSEAU.

Vous faudra-t-il longtemps pour cet essai ?

Mme D'ARTY.

Voilà que vous raillez.

ROUSSEAU.

Car, du reste, elle ignore
De quel profond respect mon amour vrai l'honore.
Puis, je n'ai pas mis seul le pied dans cet enfer.
D'autres ont avant moi, prié, vécu, souffert,
Aimé dans ce bas fond hideux où le sourire
De la femme fait vivre. — Hercule a Déjanire,
Antoine, Cléopâtre, et Samson, Dalila.
Les hommes et les dieux en sont retombés là.
Et puisque tous ces noms, portraits de leur époque,
Tous ces héros déchus, qu'aujourd'hui l'on évoque
Du sépulcre, sont morts pour avoir trop aimé,
Je veux faire comme eux, et mourir désarmé !

Mme D'ARTY.

C'est brillamment dit..... mais, ces mots à perdre haleine
Ne peuvent rien m'apprendre au sujet qui m'amène.

ROUSSEAU.

Ah ! vous êtes venue.....?

Mme D'ARTY, *se levant.*

Eh oui ! venue exprès
Pour bien connaître au fond ce dont je me doutais.
Vous cachez beaucoup trop vos longues promenades.
Les bois ont des échos, Monsieur, et les cascades
Du parc n'ont jamais su couvrir assez la voix ;
Les coquettes vous ont déjà trahi deux fois.

ROUSSEAU.

Alors, si vous savez, pourquoi vouloir surprendre
Ce secret qu'en mon cœur à peine osais-je entendre
Murmurer et chanter ? Pourquoi scruter mon cœur ?
Pourquoi venir voler son hymne à la douleur,
Pour en rire après coup comme on rit du caprice
D'un pédant amoureux près de sa bienfaitrice ?
— Madame était-ce là ce dont vous vous doutiez ?

Mme D'ARTY.

Celá même, et pour moi, malgré vous, vous étiez
Comme un beau livre ouvert à sa plus belle page ;
Je lisais votre amour, un pur enfantillage !
Dans son chemin tracé marchant en puritain ;
Je le voyais briller comme on voit, au matin,
Rayonner sur les fleurs, d'une lueur d'opale,
Les gouttes de rosée. — Et votre âme loyale
Etait pour moi d'ailleurs le garant le plus sûr
Que cet amour serait noble et fort, calme et pur.

ROUSSEAU.

Et vous trompiez ainsi sans but ma confiance ?

Mme D'ARTY.

Sans but, non ! car je crois à votre intelligence.
Je crois que vous avez devant vous l'avenir.
Que la foi du talent, fussiez-vous martyr
De l'idée, est chez vous assez forte et féconde,
Un monde étant détruit, pour faire un autre monde.
Moi, j'ai foi comme vous, mon ami, mais le temps
Des grandes libertés, à l'horloge des ans,
N'est pas prêt à sonner l'heure heureuse et bénie
Où vous pourrez donner cours à votre génie
— Vous voyez, nous avons même espoir, même vœux.
Aussi de votre part je demande, je veux
Que vous m'obéissiez en tous points.

ROUSSEAU, *qui s'est rapproché.*

Oh ! Madame,
Merci, vingt fois merci du plus vrai de mon âme !

Mme D'ARTY.

Donc, il est bien compris que vous m'obéirez ?

ROUSSEAU.

Je le promets.

Mme D'ARTY.

Parfait ! et de plus vous suivrez
Mes avis jusqu'au bout. — Jurez.

ROUSSEAU.

Je vous le jure.

Mme D'ARTY.

Sur quoi ?

ROUSSEAU.

Sur l'avenir.

Mme D'ARTY.

Sans regret ?

ROUSSEAU.

Sans murmure.

Mme D'ARTY.

Remarquez, je suis femme, et peut-être tyran.
Réfléchissez d'abord.

ROUSSEAU.

Madame, je suis franc ;
Je ne sais pas tromper et je deviens tout vôtre,
En faveur de l'espoir dont vous êtes l'apôtre.

Mme D'ARTY.

Le gage ?

ROUSSEAU.

Un médaillon,

Mme D'ARTY, *étonnée.*

des fleurs ?

ROUSSEAU.

Un souvenir
Des jours passés.

Mme D'ARTY.

Auquel vous pourriez tenir,
Peut-être ?

ROUSSEAU.

Un peu.

Mme D'ARTY.

Merci ! De ce jour, je le garde
Comme un témoin sacré, comme une sauvegarde ;

2

— Mais quand vous serez sage, il vous sera rendu.
— Vous êtes mon esclave, ainsi, c'est entendu.
Vous laisserez dès lors vos étranges colères ;
Qui bondissent d'un mot, rudes et passagères.
Le monde s'accommode assez mal de ces gens,
Qui, dès qu'ils sont entrés, se posent en géants.
Vous promîtes déjà, mais vous oubliez vite.

ROUSSEAU.

C'est que l'hypocrisie humaine nous invite.....

Mme D'ARTY.

Là ! que disais-je donc ? — C'est dans votre intérêt,
Que je parle, — pour vous !

ROUSSEAU.

Madame, j'essaierai.

Mme D'ARTY.

Je vais vous demander bien autre chose encore.
Vous partirez demain, car il faut qu'elle ignore
Que vous l'aimez ?

ROUSSEAU, *avec un cri*.

Partir ! moi ! partir sans la voir !
Oh ! c'est cruel !

Mme D'ARTY.

C'est vrai ! mais pour vous, c'est devoir !
Contre votre douleur luttez donc en athlète.

ROUSSEAU.

Partir !

Mme D'ARTY.

Attendrez-vous que le monde soufflette
Ma sœur, en lui jetant la honte et le mépris ?
Attendrez-vous qu'on dise, en riant, qu'elle a pris

Rousseau pour son amant et moi pour sa complice?
Songez donc, maintenant, à ce qu'un tel supplice
Aurait d'affreux pour tous.

ROUSSEAU, *avec une douleur amèrement irritée.*

Oui! vous avez raison!
Je vais chercher ailleurs un nouvel horizon.

Mme D'ARTY.

Oh! merci. C'est puissant, c'est avoir l'âme forte,
Que torturer son cœur pour qu'un amour en sorte.
Comme un chasseur, courant à travers les halliers,
Ne prend garde aux cailloux qui déchirent ses pieds,
Ainsi vous! — La vertu douloureuse et qui coûte
Vous trouve préparé, quoiqu'entravant la route.
Merci! toujours merci! donnez-moi votre main
Que je la serre encor.

SCÈNE IV.

ROUSSEAU, Mme DUPIN, Mme D'ARTY, DE THRESME.

DE THRESME *à Mme Dupin.*

Madame, ce vilain
Me déplaît! un manant! fi donc! Que vous en semble?
Et ne dirait-on pas en les voyant ensemble?...

Mme DUPIN, *glaciale.*

Qu'il a fait une action dont on le doive louer,
Voilà tout!

DE THRESME.

Mais pourtant on pourrait s'avouer.....
Hum!

Mme D'ARTY *à Mme Dupin.*

Te voilà! tant mieux! j'ai de bonnes nouvelles
A t'annoncer, veux-tu?

DE THRESME, *à part.*

Elle est pâle.

Mme DUPIN.

Lesquelles?

Mme D'ARTY.

Rousseau s'en va.

Mme DUPIN, *avec un cri retenu.*

Rousseau !

(*Froidement.*)

C'est bien !

Mme D'ARTY.

Ah !

DE THRESME, *à part.*

Il paraît !
La nouvelle attendue a produit son effet.
Est-ce par hasard dans notre bergerie
Le loup serait,

(*Montrant Rousseau.*)

Monsieur ! Cela me contrarie
Beaucoup.

Mme D'ARTY.

Qu'avez-vous donc à parler seul et bas,
Asseyez-vous.

DE THRESME.

Eh ! j'accepte. Aussi bien, je suis las ?
(*A Rousseau.*)
Rousseau, voudriez-vous me donner une chaise.

Mme D'ARTY, *à part.*

Oh ! c'est trop fort !

ROUSSEAU, *après un moment d'hésitation, sonne, paraît un laquais, il lui indique de Thresme avec ce seul mot.*

Monsieur.

DE THRESME, *à part.*

Il se met à son aise.
Ah ! mais c'est curieux qu'on admette au salon

Ce cuistre qui se pose en moderne Apollon.
Diable! — Mais oui. — C'est ça; — c'est un meuble, un fétiche.
On vous montre Rousseau comme on laisse un caniche
Sur un fauteuil. — La mode! —

(*Au laquais.*)

Eh bien que veux-tu, toi?

LE LAQUAIS.

Monsieur, je venais pour que Monsieur....

DE THRESME.

L'air d'effroi
Du bélitre est charmant. Va-t-en.

(*A Mme Dupin.*)

Je vous avoue
Que la présence ici de Monsieur me secoue
Rudement.

Mme DUPIN.

Ah! pourquoi? Qu'est-ce qu'il vous a fait?

DE THRESME.

Ce qu'il..... Comment, ce qu'il?.... Ah, madame, parfait!
Ce qu'il m'a fait, morbleu! Mais il me prend ma femme,
Il trouble la candeur de mon épithalame
Futur. — Car vous savez, j'épouse, — dans huit jours,

(*Montrant madame d'Arty.*)

Madame que j'adore. — Il renverse les tours
Des châteaux que j'avais bâtis au bord du Tendre. —
C'est un fleuve en Espagne où je comptais me rendre
Dès qu'à l'Autel tous deux on nous aurait mariés.

Mme DUPIN.

Le fleuve est trop connu pour que vous y cherchiez
Le bonheur.

DE THRESME.

Mais il aime!

Mme DUPIN.

Il aime?

DE THRESME.

Avec ivresse!

Mme DUPIN.

Qui ?

DE THRESME.

Votre sœur !

Mme DUPIN, *d'un ton brisé.*

Ma sœur !

(*A de Thresme qui s'avance.*)

Rien, c'est une faiblesse !
Je me suis fatiguée en restant au jardin.

DE THRESME, *à madame d'Arty, qui redescend.*

Ce n'est rien, paraît-il. — Parbleu ! c'est un écrin,
Que le cœur de Monsieur ; il y collectionne
Des perles.

Mme D'ARTY.

Taisez-vous ! je le veux, je l'ordonne !
Ou sinon !

SCÈNE V.

LES MÊMES. — M. DE CONTI.

UN LAQUAIS.

Monseigneur le Prince de Conti
Demande s'il pourrait voir madame d'Arty.

Mme D'ARTY.

Faites entrer.

Mme DUPIN.

Comment ! vous voulez qu'on reçoive
Ici, dans ce salon ?

Mme D'ARTY.

Quelque égard qu'on lui doive
Le Prince excusera, car, en nous surprenant,
Il nous ôte le droit d'en agir autrement.

LE LAQUAIS *annonçant.*

Monsieur de Conti.

DE CONTI *au laquais.*

C'est bien.

(*A M*Mmes *d'Arty et Dupin.*)

Mesdames, mille grâces !

(*A Rousseau.*)

Adieu, Rousseau !

(*A M. de Thresmes.*)   (*A tous deux.*)

Monsieur ! — Veuillez garder vos places.

(Tout ceci s'est fait en descendant en scène, arrivé près de MM^mes d'Arty et Dupin, il leur prend les mains à toutes les deux et les réunissant dans un même baiser.)

On ne saurait trouver, j'en atteste les dieux,
Ni de plus douces mains à baiser, ni des yeux
Plus brillants.

Mme D'ARTY.

Qui nous vaut, Monsieur, votre visite
Heureuse, et dont chacun ici se félicite ?
Serait-ce par hasard quelque secret d'Etat ?

DE CONTI.

Peut-être !

Mme DUPIN, *curieuse.*

Ah ! un secret !

Mme D'ARTY.

Emané de Dorat.

Un impromptu !

DE CONTI.

Non pas ! et je ne puis le dire,

Mme DUPIN.

Même par amitié ?

DE CONTI.

Même pour un sourire !

Mme D'ARTY.

Ah ! Tant pis !

DE THRESME.

Monseigneur, le saurons-nous bientôt ?

DE CONTY, *étonné.*

Monseigneur ! Non ! monsieur. Un titre est un drapeau
De forme et de grandeur beaucoup trop solennelles.

(*Aux deux femmes.*)

Cela bruit trop fort. Quelles sont les nouvelles ?

DE THRESME, *à part.*

(*Avec familiarité.*)

Ah ! il ne veut pas, c'est bien ! Vous savez à propos.
L'opéra va donner quelques ballets nouveaux.

DE CONTI.

Ah ! bien.

DE THRESME.

On dit de plus que la nouvelle école
Va, très-prochainement, monter au Capitole,
Et le front couronné de myosotis bleus.
Refaire en grande pompe un dogme religieux.

Mme DUPIN.

Qu'est-ce que cette école ?

DE THRESME.

Eh mon Dieu, c'est un signe
Du temps. Que voulez-vous ? notre siècle forligne.

Mme DUPIN.

Et quels en sont les chefs ?

DE THRESME.

Dites les sectateurs,
Diderot, d'Alembert, Condillac ; des fauteurs
De désordre.

ROUSSEAU, *qui jusque là s'était tenu au fond, redescendant.*

Oh ! Monsieur.

Mme D'ARTY.

Rousseau ! votre promesse !

ROUSSEAU.

Mais ce sont mes amis, faut-il que je les laisse
Attaquer par Monsieur, qui ne les comprend pas?

DE CONTI.

Oui certes ; on doit permettre à chacun les combats
Libres, et libre aussi le champ-clos de l'idée.
Celui qui veut, de cœur, entrer dans la mêlée,
Doit d'avance graver sur l'azur de l'écu
Ces deux seuls mots : Honneur et pardon au vaincu.
La victoire à ce prix alors sera loyale,
Chacun des champions ayant une arme égale.
Et si l'un des partis cherche à déshonorer
L'autre en le diffamant, ou cherche à lui jeter
Son injure à la face, il faut le laisser faire.
Car ici ce n'est pas une lutte vulgaire,
Car ici chaque athlète a, présent devant soi,
L'espoir d'un bien meilleur, d'une meilleure loi.

(*A de Thresme.*)

Si nous sommes plus forts, sachons donc montrer comme
On renverse les faits, tout en respectant l'homme.

(*A tous*)

Pour moi, je ne crois pas que l'on puisse jamais
Détruire sans remords, sans honte, et sans excès
Nos institutions puissantes et sincères.
Je ne crois pas non plus aux réformes austères
Qui s'en vont, appelant les révolutions.
Quand Dieu, dans sa grandeur, sema les nations
Sur la terre déserte, en une heure et d'un geste,
Comme il parsema d'or l'immensité céleste,
A l'âme ambitieuse il borna l'horizon
Et limita le rêve en créant la raison.
Pourquoi vouloir alors prévoir la vie humaine?
Nul ne peut préparer ce que demain amène,
Car demain, renversant notre espoir insensé,
Le plongera d'un coup dans la nuit du passé.
Demain, mon cher Rousseau, demain, c'est l'heure sombre
Que l'on sait balancée au bout d'un fil, dans l'ombre,
Glaive de Damoclès, que notre humanité
Pressent, que Dieu connaît. — Et votre égalité
Que vous voulez pour tous, pauvre ou grand, n'est pas mûre.
Notre monde est trop fort, Rousseau, pour qu'il ne dure

Pas plus que vos désirs et ne les brise tous.
Et pour les couronner quelle force avez-vous?
Nous, nous avons l'armée à nous, notre influence
Comme un réseau puissant étreint toute la France.
Nous avons la grandeur, le prestige du nom
Acquis dans la bataille, au bruit sourd du canon,
La fortune, l'honneur, les lois et la science.
Juré sur notre épée un droit d'obéissance,
Par un serment tenu, nous lie au souverain.
Mais vous, pour résister. qu'avez-vous sous la main?
Des masses le réveil? Elles sont dévouées
Au Prince par lequel elles sont gouvernées.
Le clergé? Quelle erreur ! car le clergé sera
Comme ailleurs et partout, pour celui qui vaincra.
— Laissez à vos amis cette illusion folle
Qui veut régénérer un monde trop frivole.
Il est pour vous, Rousseau, de plus dignes combats
Que les leurs.

DE THRESME.

        Leur doctrine, au reste, est un ramas
De préceptes très-beaux, de vérités difformes;
Et croyant aux vertus, ils en voilent les formes.
Ils détruisent le culte et le dogme chrétiens,
Pensant qu'on peut par là délivrer de ses liens,
L'intelligence humaine à leur vie attachée.
Ils vont chercher leur Dieu, divinité cachée,
Dans l'insecte des blés, sous l'herbe des buissons.
Ils ont des mots secrets et des combinaisons
De systèmes cachés. Pour comble de folies
Ils veulent renverser les choses établies.

Mme DUPIN.

Qui donc a formulé ce désir effrayant?

DE THRESME.

Ecoutez? D'après eux, le cœur est un néant;
Mais il ne faut qu'un mot pour y créer des mondes,
Pour chasser loin de lui tous les hôtes immondes
Dont les pas se croisaient sur ce vaste désert,
Plein des grands horizons bleuâtres de la mer.

Mme DUPIN.

Et ce mot ?

DE THRESME.

Je ne sais !

ROUSSEAU, *descendant.*

Ce mot : C'est Espérance !
Nous avons devant nous une lueur immense
Se fondant en rayons de pourpre et de vermeil.
Nous travaillons de cœur, nous hâtons le réveil
De l'esprit absorbé par la lettre qui tue.
Nous marchons en avant et la poitrine nue.
Pour arriver au vrai, nous autres plébéiens,
Nous allons au combat et luttons des deux mains.

Mme D'ARTY, *doucement.*

Assez !

ROUSSEAU.

Non, pas assez ! Car il faut que je dise
Tout ce que je ressens. Votre monde agonise.
Au milieu de l'orgie, il tend à s'étourdir,
Et n'ose pas, de front, regarder l'avenir
Qui se montre à travers ses voiles diaphanes.
Il a beau demander aux bras des courtisanes,
Phrynés de contrebande ou Laïs au rabais,
Le bonheur et l'amour tels que Dieu les a faits....
On déshonore un peuple avec des favorites.
— Les rires sont amers, les pleurs sont hypocrites ;
On a pour la vertu le plus profond mépris ;
L'innocence se vend à des cheveux blanchis ;
L'on ne croit plus à Dieu, l'on ne croit plus aux femmes
Que comme à l'instrument de nos plaisirs infâmes ;
On paye avec honneur toutes délations ;
Et dans cet océan de dégradations,
Dans ce monde perdu de vices où nous sommes
On a banni la foi du commerce des hommes.

Mme DUPIN.

Monsieur !

Mme D'ARTY, *suppliante.*

Sortez !

ROUSSEAU.

Je sors, non sans avoir jeté
Mon dernier anathème à la société.

Car depuis six cents ans, que, dans son ornière,
Elle suit, sans broncher, sa marche première,
Elle n'a pas songé, non! pas un seul instant!
Qu'il pouvait arriver un jour triste, effrayant
Où le serf en haillons, lassé de sa misère,
Brisé, souffletterait, dans sa sainte colère
D'un revers de sa main les seigneurs et les rois,
Et que, maître à son tour, il se ferait des lois.
— Ce jour-là, c'est pour nous l'aurore étincelante
Où l'on verra briller l'égalité naissante.
Où l'homme vaudra l'homme, où chaque travailleur,
Pouvant enfin compter sur le prix du labeur,
De son œuvre accompli sera seul responsable.
— Lors, au sein protecteur d'une paix véritable,
Nous pourrons librement, malgré vos volontés,
Venir inaugurer l'ère des libertés.
— Voilà notre croyance et voilà notre monde
Tel que nous le rêvons dans sa grandeur profonde.

(*Sur le point de sortir.*)

Et maintenant adieu! Que mes prévisions
Puissent n'être longtemps que vaines fictions.
Car, pour vous, je redoute, autant que je désire,
Les bouleversements que je viens de prédire.

SCÈNE VI.

LES MÊMES, MOINS ROUSSEAU.

(*Après que Rousseau est sorti, M. de Thresme remonte, regarde par la fenêtre et redescend près de Mme d'Arty*).

Votre héros fougueux, Madame, s'est assis
Sur un banc, tout là-bas. Son discours a du prix
Au reste, et vous pourriez nommer son Égérie.

Mme D'ARTY.

Et pourquoi non? J'aime fort, moi! cette gaucherie,
Qui ne sait pas garder le masque, et que l'on voit
Sans murmure ou regret, faire ce qu'elle doit!

DE THRESME.

C'est aimable! fort bien! Rousseau vous plaît?

Mme D'ARTY.

Sans doute,
Et cela me fera peine si l'on en doute.

DE THRESME.

Je n'en suis pas jaloux !

Mme D'ARTY.

Vous faites bien. Je hais
Les propos séduisants et les soupirs discrets.

DE THRESME.

Vous ne m'aimez donc plus?

Mme D'ARTY.

Moi! vous aimer? Vous l'ai-je
Jamais fait espérer, jamais dit? Vous donnai-je
Une marque d'amour m'engageant envers vous.
A-t-on même, autrefois, interrogé mes goûts,
Quand nos amis communs firent ce mariage
Que je n'accepte pas? Non certes! Et notre âge
A chacun, paraît trop disproportionné,
Pour que notre bonheur en soit bien ordonné.

DE THRESME.

Alors, c'est un refus? J'en mourrai.

Mme, DUPIN *à la fenêtre.*

Mais! il pleure!

Mme D'ARTY *à de Thresme.*

Vous ressusciterez chez Laguerre en une heure.

Mme DUPIN *à part, avec les larmes dans la voix.*

Oh ! ces amours blessés, quel mal il vous font là !
Il ne faut qu'un moment très-court pour que cela
Naisse au cœur. On nourrit une douce espérance;
Ce n'est pas mal, bien sûr ! Un avenir immense
S'ouvre devant vos yeux; on croit que, quelque jour,
Il vous sera permis d'avouer votre amour.

On a son idéal pur comme ceux des anges;
On donne à ses désirs des horizons étranges,
Puis, tout à coup, un mot, qu'on n'attend pas, souvent
Détruit votre beau songe et le jette au néant......
Il pleure !

DE CONTI, *s'approchant.*

Qui ?

Mme DUPIN.

Lui.

DE CONTI, *étonné.*

Lui ?

Mme DUPIN, *sèchement.*

Fermez cette fenêtre.
Ce soir le vent est vif et le froid me pénètre.

DE CONTI.

C'est mal de votre part de me vouloir cacher
Les agitations qui vous viennent troubler,
De bannir cette douce et bonne confiance
Venant à moi de vous, cela, dès votre enfance.

Mme DUPIN.

Non !

DE CONTI.

Vous l'aimez donc bien ?

Mme DUPIN, *à demi voix, à Conti.*

Je l'aime éperdûment.
Mais j'ai toujours caché cette erreur d'un moment.
Cela tient du vertige et presque du délire,
Et je voudrais quelqu'un à qui je puisse dire
Tout ce que j'ai souffert, et qui me consolât.

DE CONTI.

Votre mari ?

Mme DUPIN.

Je n'ose.

DE CONTI.

Et votre sœur ?

Mme DUPIN.

Cela

Doit être à jamais tu, car c'est elle qu'il aime.
Oh! c'est affreux! Mais vous, vous êtes un ami;
Vous comprenez pourquoi l'on tait à son mari
Ces choses-là! D'ailleurs, c'est en vain que je lutte,
Car chaque résistance accélère ma chute.

DE CONTI.

Où cet amour trompé pourra-t-il mener?
Qu'osez-vous espérer qu'il vous pourra donner?
J'ai vécu, mon amie, et vous devez me croire,
Sur votre sentiment, craignez votre victoire.
Celle-ci le torture et l'étouffe et l'étreint,
Et l'on trouve plus tard, dans le cœur mal éteint,
Un levain du passé, qui s'agite et fermente,
Un souvenir aimé de la personne absente.
On le chasse, il renaît pour revivre toujours.
Un travail incessant absorbe tous vos jours.
C'est un effort sans trêve et dans lequel la vie
S'usera tourmentée, inquiète, avilie.
Voilà le grand danger, qui vous attend demain;
Cet amour impuissant est un cercle sans fin
Plus effrayant pour vous qu'une nuit sans aurore.

Mme DUPIN.

Devant cet avenir, que faire? Je l'ignore!

DE CONTI.

Vaincre quand même.

Mme DUPIN.

Hélas!

DE THRESME *qui, pendant cette dernière partie du dialogue, a passé derrière le canapé où est assise Mme d'Arty.*

Madame.

Mme D'ARTY.

Vous boudez!
Et ce sentiment-là, Monsieur, est des plus laids.

DE THRESME.

Mais je ne boudais pas... Je croyais... Je vous jure.

Mme D'ARTY.

Si, si, vous boudiez.

DE THRESME.

Méchante ! êtes-vous sûre
Au moins qu'il ne vous a rien donné?

Mme D'ARTY.

Qui sait !
M'est-il donc défendu d'accepter, s'il me plaît,
Ce que je veux ?

DE THRESME.

Un gage ?

Mme DUPIN.

Un gage !

DE THRESME.

Fi ! charmante !
C'est pour me taquiner ?

Mme D'ARTY.

Voulez-vous que je mente?

DE THRESME.

Non, si vous n'aimez pas, et oui, si vous l'aimez.
On éprouve un plaisir très-grand, fussent-ils vrais,
Quand on sait vous cacher les faits que l'on redoute.
Alors on peut nier toujours, coûte qui coûte,
Qu'on soit trompé !

Mme D'ARTY.

Vraiment ! le mot est gracieux.

DE CONTI, *à Mme Dupin.*

Votre main tremble?

Mme DUPIN.

Non !

DE CONTI, *montrant de Thresmes et Mme d'Arty.*

Querelle d'amoureux.

Quatre mots dits en l'air, puis une fâcherie,
Faite par eux, exprès pour qu'on la concilie.

DE THRESME.

Enfin, je suis heureux ; nulle preuve d'amour
N'est venue en vos mains, de lui, jusqu'à ce jour ?

Mme D'ARTY.

Voilà, vous l'avouerez, une étrange manie
De vouloir, jusqu'au fond, scruter quelle est ma vie.
Ce que jadis j'ai fait, où jadis j'ai pensé,
N'appartient qu'à moi seule, ainsi que mon passé.
Et votre doute est un manque de confiance
Qui révolte l'esprit, dont la raison s'offense.
Et qu'importe, après tout, pour vous, si j'ai reçu
Quelque gage secret d'un sentiment, conçu
Sans arrière pensée, et mort sans espérance ?
Grand crime sur lequel se tait ma conscience.

Mme DUPIN, *bas*.

Oh ! je voudrais mourir !

DE CONTI.

Courage.

DE THRESME.

      C'est donc vrai ?
Et la preuve ?

Mme D'ARTY, *apercevant sa sœur et hésitant*.

  La preuve !

DE THRESME.

     Alors, vous avez fait
Promesse à votre ami de la tenir secrète ?

Mme D'ARTY.

J'ai promis, moi !

DE THRESME.

    Sans doute ! et vous êtes discrète.
Il faut donc que le lien qui vous attache à lui,
En m'éloignant de vous, vous ôte mon appui.
Car votre comédie, en réfléchissant, mène
A penser qu'entre vous il est une autre chaîne.

Mme D'ARTY.

Monsieur !

Mme DUPIN.

Dites-vous vrai ?

Mme D'ARTY.

Non, certe, il a menti.

Mme DUPIN, *avec effusion.*

N'est-ce pas ?

Mme D'ARTY, *d'un ton de violente affirmation.*

Oh !

DE CONTI, *bas à M. de Thresme.*

Monsieur, c'est tout au plus poli
Ce que vous faites-là. Je voudrais vous en dire
Quelques mots.

DE THRESME.

Sans témoins ?

DE CONTI.

Oui, sans témoins.

DE THRESME.

J'admire
La coquette façon dont vous vous y prenez.

DE CONTI.

Cela vous fâche ?

DE THRESME.

Oh non ! je suis à vous.

DE CONTI.

Venez !

DE THRESME, *montrant les dames.*

Que je salue......

DE CONTI.

Eh non !

DE THRESME.

Tout de suite ?

DE CONTI.

J'y compte.

(*Ils sortent.*)

SCENE VII.

Mme DUPIN. — Mme D'ARTY.

Mme D'ARTY.

Mais ne vas pas penser un seul mot de ce conte.
Tout ce que j'en ai fait, c'était pour exciter
Ce mouvement jaloux que je voyais percer.
C'était, chez moi, dédain, pure coquetterie.
Je me moquais ainsi de son afféterie.
Mais toi, si j'avais su ! Mais je n'ai pas songé
Qu'il était là, tout près, un pauvre cœur blessé,
Et que tu pleurais, toi, toi, ma sœur bien aimée,
Sur ton illusion, dans le vide semée.
Pardonne-moi, veux-tu. C'est que je souffre, aussi,
De savoir ton regard de larmes obscurci.
Je t'aime tant, sœurette, et voudrais, je le jure,
Des douleurs d'ici bas t'éviter la morsure.
— Tu m'entends, n'est-ce pas ? Si Rousseau m'a donné
Des fleurs, ce médaillon, je l'avais ordonné,
Voulu, qu'il te laissât, à toi, ce témoignage
De son amour profond et de son grand courage.

Mme DUPIN.

A moi, de son amour ?

(*Se reprenant.*)

Et cela dans quel but ?
S'il m'aimait, il fallait qu'il partît et se tût !

Mme D'ARTY.

Il part, aussi, pour toi, demain, parce qu'il t'aime.
Je devais tout prévoir dans ce péril extrême,
Et je craignais surtout qu'il arrivât un jour,
Où cet amour secret réveillerait l'amour.
C'est que c'est ici bas la destinée humaine
De ne pas résister au courant qui l'entraîne,
D'aller vers le bonheur, doux soleil qui reluit,
Sans présager l'orage et sans craindre la nuit.

Mme DUPIN.

Est-il donc défendu qu'il reste ? C'est ma joie.
Pour être heureuse, il faut que toujours je le voie.
Qu'importe qu'il le sache ou non.

Mme D'ARTY.

Et le devoir
Qu'il nous faut accomplir et, malgré tout, vouloir !
L'honneur ! la foi jurée au mari ! l'auréole
D'une sainte vertu, qui grandit et console !
— Laisse ce sentiment incolore, imparfait,
Où ton esprit troublé s'attache et se complaît,
Que l'imagination élève ou rapetisse
Au gré d'un idéal, né d'un désir factice.
Abandonne à l'oubli ces rêves désastreux.
Jette à bas ce manteau, qui te cache à nos yeux !
Reprends cette gaîté, qu'on aime et qu'on admire,
Et ces naïvetés, qui nous faisaient sourire
A plein cœur, et surtout ! sache garder longtemps
L'ignorance sacrée et pure des enfants,
Ta couronne de fleurs roses et d'immortelles,
Et ton regard si beau, mon ange aux blanches ailes !

Mme DUPIN.

Est-ce bien du devoir de le laisser partir ?
Qui sait ce que, demain, il lui faudra souffrir ?
La misère secrète et la faim qui tourmente,
Le suicide, qui vient du mépris, l'épouvante
Du vide, où le défi de l'incrédulité,
Jeté par son génie à notre humanité ?
Qui sait s'il n'ira pas, niant l'effet des causes,
Bouleverser l'esprit des hommes et des choses ?
Le talent qu'on rejette a, parfois, des élans
Qui lui font entrevoir tout l'infini des ans,
Lui montrent, à travers ses larges espérances,
Les univers prochains et leurs magnificences.
Mais, hélas ! tous ces bruits, nés des lointains échos,
Trouvent, à chaque pas, des obstacles nouveaux.
Là, c'est la matière injuriant l'idée !
C'est la vie ordinaire, à l'âme intimidée
Du poète, imposant de par la pauvreté,
Le réel odieux d'un monde détesté.
Là, le groupe des gens, gens de vieilles routines,
Le poursuit, sans relâche, à grands coups de doctrines.

Les sots le disent fou, les sages exalté ;
Son génie est par tous, à l'envi, contesté,
Et ses calculs brillants, fruits de longues chimères,
N'aboutissent jamais qu'aux souffrances amères.
— Réfléchis maintenant ! En le chassant d'ici,
En lui volant son pain, je suis coupable aussi.
Entre les deux partis, inquiète, j'hésite.
C'est en vain que je cherche, en vain que je médite.
S'il reste, je me perds ; s'il part, il est perdu.
L'un ou l'autre moyen pourtant m'est défendu,
Et ce dilemme affreux, qui de tous points m'enlace,
M'interdit de savoir ce qu'il faut que je fasse.

Mme D'ARTY.

Vaincre quand même !

Mme DUPIN, *anéantie*.

Vaincre ! — Eh bien, oui ! — Je vaincrai.
Le sacrifice est grand, sublime ; mais j'aurai
La force nécessaire, et pourvu que sa vie
A lui, ne soit jamais en regard de l'envie.

Mme D'ARTY.

C'est exiger beaucoup. — S'il était, quelque part,
Une place, qu'on pût demander pour plus tard,
Qui lui permît d'avoir, avec l'indépendance,
Le loisir nécessaire à son intelligence.
— Notre siècle sait tendre à propos la main.

Mme DUPIN.

L'aumône !

Mme D'ARTY.

L'aumône, oui ! l'aumône sans dédain !
Celle de l'amitié, celle de la pensée,
Drapeau de l'avenir, voile de fiancée,
Derrière lequel, cachés sous ses longs plis,
Chacun de nous croit voir ses désirs accomplis.
Tu le vois, mon conseil est bon, et je propose
Qu'on le suive en tous points, avant toute autre chose,
Veux-tu ?

Mme DUPIN.

Mais, si pourtant.

Mme D'ARTY.

Oh ! les objections,
Premier ébranlement des constitutions. —

Taisez-vous, ma chérie, et songez, je l'ordonne,
Que si vous résistez, moi, je vous abandonne.
Adieu ! je vais chercher si l'on pourrait sous main
Procurer quelque place à ton républicain.

SCÈNE VIII.

Mme DUPIN *seule*.

Adieu ! vas, cherche et trouve, et que ton entreprise
Chasse, en sauvant Rousseau, l'amour qu'on poétise.
Accomplis en cela le plus cher de mes vœux.
Fais tout ce qu'à la fois je redoute et je veux.
Et qu'en partant demain, afin qu'il s'en souvienne,
Il emporte à jamais mon âme dans la sienne !
— C'est mal, ce que je dis ; oui ! c'est mal, je le sens.
— Je devrais de mon cœur étouffer les accents,
Suivre la loi funeste, inflexible et sacrée,
Qui, nous montrant le ciel, en interdit l'entrée.

(*Elle va à la fenêtre.*)

— Le ciel ! il resplendit de mille lampes d'or,
Et chaque astre assoupi dans sa course s'endort.
Qui sait ce qui se cache à travers les étoiles ?
Des mondes inconnus dont elles sont les voiles ?
Peut-être on a là-bas, tant que dure le jour,
Pour seul dieu, l'idéal, pour seule foi, l'amour.
— Je n'y veux plus songer. — Oh ! que la nuit est belle !
— Cela m'est défendu. — Le rayon étincelle,
Pourprant de ses reflets notre univers éteint.
— Son souvenir partout me poursuit et m'étreint.

(*Sans conviction.*)

— Qu'il est beau d'écouter, le soir, l'onde plaintive
Soulever, en chantant, les roseaux de la rive,
Et que le vent, qui souffle à travers les bouleaux,
Va bien, accompagnant le refrain des roseaux.
— Tous les échos sont morts en mon âme éperdue !
Jusqu'à lui me voilà maintenant descendue !
Dans le chant de l'oiseau, j'entends sa voix, à lui !
Je l'aperçois encore en un regard qui luit.
Chaque fleur dit son nom, et tout, jusqu'à ce livre,

(Descendant en scène.)

M'entraîne, me séduit, me trahit et me livre.
— C'est là, c'est en ce lieu qu'il aime à travailler,
Qu'il pense et qu'il écrit, qu'il s'efforce à ployer
Dans son moule parfait la forme de l'idée.
— Son image partout me tient obsédée,
Et j'ai beau me défendre et fermer les deux yeux,
Je le vois en moi-même et j'entends ses adieux !
— Partir ! je ne veux pas, je ne veux pas qu'il parte !
Je n'ai pas la vertu d'une femme de Sparte,
Moi ; je ne saurais pas sacrifier jamais
L'affection divine et triste que j'aimais.
J'ignore jusqu'où peut aller la force humaine,
Et je crains d'aborder cette hauteur sereine,
Où l'on voit palpitants, sans remords, sans pitié,
Son cœur brisé, son âme vide et l'amitié
Morte. — Il le faut pourtant ! — Il le faut ? Ironie !
Etre aimée est un crime, et le sort s'ingénie
A montrer seulement le mirage du vrai.
— Ma sœur est bien longtemps. — En lisant, je pourrais
M'absorber en un autre et m'oublier peut-être.
— Là ! — Son livre ! — Il lisait aussi !

(Ouvrant le livre et découvrant la lettre.)

Qu'est-ce ? une lettre ?
Folle ! il aura manqué de temps pour l'envoyer.
Je l'enverrai ! — Chez qui ? — Moi ! — Bah ! Son plaidoyer !
Il demande pardon de ce qu'il osait dire
Tout à l'heure. — Mais non ! Impossible d'écrire !
Il n'est pas revenu. — Si je la déchirais ;
Sa lettre me fait peur ; cependant, je voudrais
Connaître jusqu'au bout l'inconnu qu'elle cache.
Ce secret qu'on me tait, me fascine et m'attache.
Si j'osais ! Pourquoi non ? C'est à moi qu'il écrit.
Peut-être a-t-il besoin d'user de mon crédit.
Voyons !

« Madame, la première fois que je vous vis, ce fut chez
« Monsieur Samuel Bernard, votre père,......

— Oui, chez mon père !

« La seconde ce fut à votre toilette, vous aviez les bras
« nus, les cheveux épars,..... »

— Oh ! pure négligence !

« ...J'usai, j'abusai de la permission ; j'y fus presque tous les
« jours, »
Il m'aimait sans le dire !
« Je mourais d'envie de vous le dire et jamais je n'osais. »
Et moi !
« Permettez-moi donc de vous demander si ce sentiment
« que vous avez fait naître doit vivre avec ou sans espé-
« rance ? »
Sans espérance.

SCÈNE IX.

Mme DUPIN, ROUSSEAU.

ROUSSEAU.

Sans espérance ?

Mme DUPIN.

Lui ! Que veut-il ?

ROUSSEAU, *à la porte.*

Je venais,
Pour emporter d'ici tout ce que j'y laissais.

Mme DUPIN.

C'est bien, faites vite.

ROUSSEAU.

Ah !

(*Il va à la table, voit le livre ouvert, la lettre absente, et regarde Mme Dupin.*)

Mme DUPIN.

Votre lettre, j'oublie,
Tenez !

ROUSSEAU.

Vous l'avez lue ?

Mme DUPIN.

Oui ! c'est une folie.
Ne recommencez pas, adieu.

ROUSSEAU.

Adieu ! Pourquoi ?
Pourquoi vouloir toujours vous éloigner de moi ?

Qu'ai-je fait, qui me put mériter votre haine ?

Mme DUPIN.

Moi, vous haïr, oh non !

ROUSSEAU.

    La cause est incertaine.
Vous ne la pouvez dire ! Et pourtant, j'ai, pour vous,
Tout le respect qu'aux saints on donne à deux genoux.
Je vous aurais longtemps en secret adorée,
Sans qu'une marque en fut, à nul, par moi montrée.
Cet amour n'eût été, par un mot importun
Trahi, car je l'aurais gardé comme un parfum.

Mme DUPIN.

Mettez tout votre soin à le garder encore,
De peur que ce parfum s'échappe ou s'évapore.
Adieu !

ROUSSEAU, *tristement*.

    Vous avez raison de railler. J'avais tort
D'y songer. La fortune assoupit l'âme et l'endort.

Mme DUPIN, *vivement*.

Ne dites pas cela !

(*Se reprenant.*)

    Car c'est elle qui sème,
Dans le cœur de chacun, le respect de soi-même ;
Elle assigne des rangs qu'il nous faut respecter.

ROUSSEAU, *se redressant*.

Les rangs !

Mme DUPIN.

  Certes !

ROUSSEAU.

    L'orgueil qui cherche à s'attester,
Comme si le cœur plein de reflets gais ou mornes,
N'absorbait la distance et n'effaçait les bornes.
Les rangs ! Oui, c'est de droit. Vous en haut, nous en bas !
C'est la règle établie et la loi, n'est-ce pas ?

C'est elle désormais qu'on doit suivre.

(*A lui-même, au canapé.*)

O misère !
Le cœur de toute femme est comme une vipère,
Qui se glisse au travers des roses du festin.
Quand, pour les respirer, nous y portons la main,
Nous sommes aussitôt, d'une soif infinie
Brûlés, et nous mourons d'une lente agonie.

Mme DUPIN, *à part.*

Il parle de mourir ! et je n'ai pas le droit
De lui pouvoir montrer le mal, même du doigt.
Si j'osais...

(*Remontant pour s'en aller.*)

Non !

ROUSSEAU, *se jetant à la porte et l'empêchant de sortir.*

Vous ne sortirez pas, Madame !

Mme DUPIN.

Pourquoi ?

ROUSSEAU.

Parce que je ne veux pas, qu'une lame
Qu'on vous tord dans la plaie est moins cruelle et fait
Moins souffrir, qu'un dédain caché, dont on connaît
L'effet, en ignorant la cause. — Je vous aime,
Et pour moi votre haine érigée en système...

Mme DUPIN.

Moi ! je ne vous hais point.

ROUSSEAU.

Vous me chassez, pourtant !

Mme DUPIN.

Parce que..... Laissez moi-moi donc passer !

ROUSSEAU.

Non !

Mme DUPIN.

Non ?

ROUSSEAU.

Tant

Que vous n'aurez rien dit.

Mme DUPIN.

Mais je ne puis rien dire !
Que voulez-vous de moi ? Parlez ! c'est du délire !
— Voyons ! ô mon ami ! je vous prie, écoutez
Moi, je vous serai reconnaissante ! Ouvrez !

ROUSSEAU.

Ah ! vous croyez ainsi qu'on brise et qu'on torture
Un homme chaque jour, ou bien qu'on le sature
De mépris, pour qu'après se liant les deux mains,
Il n'ose demander compte de vos dédains ;
Qu'on peut passer deux mois de souffrances atroces,
A milieu de la joie et des amitiés fausses,
Sans qu'il me soit permis de demander jamais,
Où vous avez traîné les rêves que j'aimais.

Mme DUPIN, *cherchant de tous côtés.*

Rien ! mais rien ! C'est affreux ! cette porte !

ROUSSEAU, *à la porte de droite.*

Fermée.

Mme DUPIN, *courant à la sonnette*

Ceci !

(*Rousseau brise le cordon, ferme la porte du milieu et jette la clef par la fenêtre. Mme Dupin le regarde faire d'un air stupéfait*).

C'est odieux ! Etre ainsi désarmée ?
Que faire ?

ROUSSEAU.

Je suis seul, vous êtes femme, il faut
Vous faire pardonner vos dédains de tantôt.

Mme DUPIN, *marchant sur lui.*

Tenez ! allez-vous en ! Partez, ou je vous jure
Que je ne réponds de rien.

ROUSSEAU, *reculant sous son regard.*

Madame, j'assure.....

Mme DUPIN.

Oh ! oui ! C'est maintenant, Rousseau, que je vous hais !
— Ayez donc un amour doux, gracieux et frais,
Allez ! créez-vous donc un idéal splendide,
Qui s'en vienne aboutir à cet amour stupide !
— Allez-vous en, Rousseau, je vous aimerai bien.
Nous causerons plus tard, maintenant, je n'ai rien
A vous dire... plus tard.

ROUSSEAU.

Quand je serai parti.

Mme DUPIN, *allant au canapé après un mouvement de dépit.*

Causons, voulez-vous bien ? — Si Madame d'Arty
Venait. — Allons, si vous m'aimez !

ROUSSEAU.

Si je vous aime !

Mme DUPIN.

Oui ! oui ! je sais cela, passons.

ROUSSEAU.

Non ! ce poëme,
Comment l'aurait-on su ? Je le tenais caché,
Et j'aimais chaque objet que vous aviez touché.

Mme DUPIN.

Mais moi ! je le savais.

ROUSSEAU.

Non ! car l'on ne devine
Que l'être aimé !

Mme DUPIN.

Mais !

ROUSSEAU.

Quand votre forme divine,
Nonchalante, passait, je vous suivais de loin ;
J'épiais chaque mot, chaque geste avec soin,
Et lorsque votre voix venait, douce et sonore,
Je m'enfermais en moi, pour l'écouter encore.

Mme DUPIN.

Vous !

ROUSSEAU, *se rapprochant de plus en plus.*

Un soir, vous chantiez. C'étaient des vers de moi.
J'étais là, près de vous ; vous cessâtes ? pourquoi ?
M'avez-vous vu ?

Mme DUPIN, *s'oubliant peu peu.*

Non ! je me souviens ; l'orfraie,
Par saccades, jetait son cri, dont on s'effraie.
J'avais peur.

ROUSSEAU.

Oui ! Le vent.

Mme DUPIN.

C'est bien cela ! Le vent.

ROUSSEAU.

Il passait dans les airs, comme un gémissement
Des âmes, qu'autrefois, nul n'a jamais aimées.
C'était la forme blanche et vague des almées.
La nuit était profonde ; à vos pieds, le ruisseau
Jaillissait sur la pierre, avec un bruit d'oiseau
Battant de l'aile.

Mme DUPIN.

Oui ! j'avais la tête lourde.
Et le silence, avec sa sonorité sourde,
M'intimidait, et, sur les feuilles, j'entendis
Quelqu'un qui s'approchait.

ROUSSEAU.

C'était moi !

Mme DUPIN.

Je mordis
Mes lèvres, pour ne pas crier ; je me rappelle
Comme un ciel éteint, cette heure douce et belle

ROUSSEAU, *près d'elle, à genoux.*

Je m'avançais alors, vous me prîtes le bras.
Nous causâmes longtemps, en marchant pas à pas.

Votre frayeur n'étant pas tout à fait passée,
Je sentais que ma main, de la vôtre pressée,
Lui répondait parfois.

Mme DUPIN.

Et la votre tremblait
De froid. — C'était de froid ! — Et le bonheur régnait.
Je sentais en moi-même une fusion douce
De tout mon être, et vous? C'était charmant !

ROUSSEAU.

La mousse
Assourdissait nos pas et parfois, vous aviez
De longs frémissements, suaves, effrayés
Au moindre bruit.

Mme DUPIN.

Et vous ! vous parliez, et l'ombre
A chaque mot de vous, me paraissait moins sombre.
J'entrevoyais déjà des horizons plus clairs.
Et le monde présent s'effaçait; les déserts de l'âme
Se peuplaient. Une immense harmonie
Pleine, indéfinissable, incomprise, infinie,
Impreignait tout mon être, et chantait les splendeurs
Des ruisseaux, des forêts, et des nuits et des fleurs.
C'était grand, n'est-ce pas ?

ROUSSEAU.

L'heureux temps !

Mme DUPIN.

L'heureux rêve !

ROUSSEAU, *sur le canapé.*

Comme tous ceux d'ailleurs que jamais on n'achève.
Mais ce moment béni vous l'avez oublié?

Mme DUPIN.

Moi ! non ! Vous voyez bien.

ROUSSEAU.

Vous avez replié
Vos souvenirs passés, comme l'on ferme un livre.
Cet amour d'autrefois, dont le parfum énivre,

Ne voudriez-vous pas qu'il renaquît jamais?

   Mme DUPIN, *comme se réveillant.*

Notre amour! non! non!

    ROUSSEAU.

   Non? Cependant vous m'aimez!
Vous l'avez avoué.

   Mme DUPIN, *se débattant.*

   Moi! Vous aimer! Je jure.....
Oh! tenez! Laissez-moi! Tout cela me torture.
Je ne puis, je ne veux aimer.

    ROUSSEAU.

   Vous l'avez dit,
Et votre aveu si tendre en moi-même est écrit.

   Mme DUPIN, *se levant.*

C'est un crime, cela!

    ROUSSEAU.

   Non! Car je ne demande
De vous, Madame, rien que votre honneur défende.
Une sainte amitié.

   Mme DUPIN.

   Même pas celle là!

   ROUSSEAU, *l'attirant.*

Quelque chose d'ailé, n'allant pas au-delà
Du désir; la confiante et bonne causerie
A deux! le bonheur qui fait une partie
De l'amour!

   Mme DUPIN.

   Taisez-vous!

    ROUSSEAU.

   Le regard qu'on comprend
A demi mot! La main trouvant la main, le courant
Enivrant et cherché, qu'en nos âmes amies,
L'amour établirait par deux lèvres unies!

Mme DUPIN, *se dégageant*.

Oh ! malheureuse !

ROUSSEAU.

Eh bien ?

Mme DUPIN.

Voilà le châtiment !
Le voilà ! C'est la honte et l'avilissement
De soi !

ROUSSEAU.

Vous refusez ?

Mme DUPIN.

Si je refuse, oh certe !
J'appellerai plutôt ! — Cette fenêtre ouverte...
Je me tuerai !

ROUSSEAU, *se jetant au-devant d'elle*.

Non ! car vous ne passerez pas.
Je vous aime et vous veux, moi !

Mme DUPIN.

Ma sœur est en bas,
Elle viendra ! Mon Dieu ! Mais tout le favorise !

ROUSSEAU.

Je vous aime et vous veux, pour moi, quoiqu'on en dise.

Mme DUPIN, *cherchant à se dégager de lui*.

Laissez-moi donc ! tenez, vous me faites horreur !

Mme D'ARTY, *entrant*.

Que se passe-t-il donc Et ? ces cris !

Mme DUPIN, *avec un rire convulsif*.

Quel bonheur !
Oh ! Quel bonheur !

SCÈNE X.

LES MÊMES Mme D'ARTY.

Mme D'ARTY.

Qu'est-il ?

Mme DUPIN, *cherchant à se remettre.*

Rien ! non ! rien ! Je frissonne !
Le froid ! je ne sais pas !

Mme D'ARTY, *soupçonneuse.*

Cette fenêtre donne
Sur le parc.

Mme DUPIN.

Oui, la fenêtre.

Mme D'ARTY.

Et ce cordon brisé ?

ROUSSEAU.

Madame était souffrante, en sonnant j'ai cassé....

Mme D'ARTY.

Ma sœur était souffrante, et la porte fermée
En dedans ? Cette clef ?

Mme DUPIN, *vivement.*

C'est moi qui l'ai jetée.

Mme D'ARTY.

Pourquoi ?

Mme DUPIN.

Parce que je ne voulais pas qu'on vînt.

Mme D'ARTY.

Ah ! tu ne voulais pas.....

Mme DUPIN.

Non! Que sais-je! demain
Je te dirai tout, tout.

Mme D'ARTY.

Attendons.

Mme DUPIN, *avec effusion.*

Oh! je t'aime
Bien toi!

ROUSSEAU.

Vous pleurez?

Mme DUPIN.

Oui.

Mme D'ARTY.

Laissez.

Mme DUPIN.

C'est le baptême
Qui, sauvant le passé, le vient régénérer.

Mme D'ARTY.

Pauvre sœur!

Mme DUPIN.

Non! Cela fait du bien de pleurer.

SCENE XI.

LES MÊMES. — DE CONTI.

DE CONTI, *apportant un papier.*

La nomination de Rousseau, secrétaire
D'ambassade à Venise.

Mme DUPIN.

Oh! tant mieux!

DE CONTI.

Il faut faire
Les long préparatifs d'un départ pour longtemps.

Mme D'ARTY.

Tu ne l'aimes donc plus ?

Mme DUPIN, *avec une nuance de demi-regret.*

Non !

DE CONTI, *à Rousseau.*

Moi, je vous attends.

Mme D'ARTY.

C'était votre promesse, ami !

ROUSSEAU. — *Hésitation violente et longue, après laquelle, tristement.*

J'y vais.

(*A Madame Dupin.*)

Madame,
Me pardonnerez-vous ?

Mme DUPIN, *lui tendant la main.*

Oh ! de toute mon âme !
Mais plus tard.

ROUSSEAU.

Plus tard ?

Mme DUPIN.

Quand, après de jours si longs,
Vous reviendrez vers nous, nous vous pardonnerons.

Mme D'ARTY, *montrant le médaillon.*

Vous oubliez ceci ?

ROUSSEAU.

Donnez !

Mme D'ARTY.

Etes-vous sage ?

Mme DUPIN, *souriant*.

Si peu !

Mme D'ARTY.

Tant pis pour lui !

ROUSSEAU.

Madame, c'est un gage !
Gardez-le très-long temps ! — Vous me verrez un soir
Venir vous le reprendre. Au revoir.

Mme DUPIN.

Au revoir !

FIN.

www.ingramcontent.com/pod-product-compliance
Lightning Source LLC
LaVergne TN
LVHW021707080426
835510LV00011B/1632